Quatre-Vingt-Deux Jours

DE COMMANDEMENT

DE LA PROVINCE D'ORAN.

QUATRE-VINGT-DEUX
JOURS
DE COMMANDEMENT
DE LA PROVINCE
D'ORAN,

Par M. le Général de Brossard.

> Ce que contient cet écrit *est* la *vérité*, toute la vérité. L'homme qui dira le contraire est un *imposteur et un calomniateur* : qu'il se montre.

PERPIGNAN.

IMPRIMERIE DE JEAN-BAPTISTE ALZINE.

1838.

AVANT-PROPOS.

Nous sommes loin des tems où le soldat commandait en maître au foyer de son hôte; où l'auditeur de vingt ans administrait les provinces conquises; où le maréchal de France traitait d'égal à égal avec les princes, et où enfin le souverain de la France commandait à l'Europe.

La génération qui a vu ces choses, s'éteint chaque jour; et nos paisibles citoyens à l'aspect de nos paisibles soldats et des devoirs mesquins et rétrécis que les officiers de tout grade ont à remplir, ne peuvent se rendre raison du grand pouvoir que nos longues années de victoires avaient mis aux mains de nos hommes de guerre et d'administration, et de la haute responsabilité qui en était la conséquence.

Mais bien qu'alors comme aujourd'hui le poids de cette responsabilité fût lourd à porter, chacun trouvait une force morale suffisante pour en accepter la charge, dans la confiance qu'inspirait à tous la juste équité d'un prince dont la main ferme et la volonté impartiale savait maintenir l'équilibre entre les divers degrés de la hiérarchie du commandement. Devant lui s'éteignaient les oppositions d'intérêt personnel pour se changer en une louable et honorable rivalité.

Alors nous avions de courts bulletins et de grandes actions de guerre. Sans doute les récompenses étaient grandes aussi; mais comme elles ne passaient pas les mérites, loin de réveiller l'envie elles développaient dans l'armée une noble émulation.

Toutefois, on ne peut se dissimuler que dans ce long drame de travaux et de dangers pendant lequel chaque acteur était obligé d'appeler à son aide le concours de toutes les forces morales, de tous les mobiles qui animent le cœur humain, des caractères se sont manifestés sous un aspect fâcheux, et que de grands vices se sont montrés à côté de grandes vertus. Mais est-il permis aux générations nouvelles, livrées toutes entières aux combinaisons d'intérêts sordides, dont les jouissances matérielles sont l'unique but, de critiquer dans leurs pères des fautes que ceux-ci ont payé de leur sang et racheté par tant de gloire. Que les fils pardonnent à ceux qui les ont précédés dans la vie en faveur des couronnes triomphales qui ornent leur front. Leur feuillage tout fané qu'il est par la main du tems fait encore pâlir l'éclatante auréole de feuilletons louangeurs dont se compose aujourd'hui plus d'une réputation.

Plus que tout autre j'ai déploré la ridicule imposture de ces victoires où le petit doigt n'avait pas tout dit, de ces fondations de villes, colonies d'un jour, dont les ruines visitées par le voyageur, six mois après leur fondation, attestent la grandeur mort-née, et enfin de ces traités qui ne donnent rien à la France, pas même la paix, et qui livrent tout à ses ennemis. Aussi ce n'est pas avec de vaines prétentions que je soumets au jugement du public l'exposé de la première période de mon commandement de la province d'Oran comprise depuis le 14 Janvier 1837 jusqu'au 6 avril suivant.

Ma conduite indignement calomniée m'en fait un devoir. Je dois compte de mes actions à mon pays : je dois compte de mon honneur à mes camarades et à mes enfans, et j'ai dû entrer dans des détails indispensables à donner pour mettre mes concitoyens à même d'apprécier les difficultés que j'ai rencontrées. Sans doute on n'y verra aucun de ces faits éclatans qui font la réputation d'un homme en un jour et dont c'est le plus souvent l'unique résultat, mais une grande responsabilité acceptée avec dévouement, des difficultés en apparence insurmontables vaincues en sachant profiter avec quelqu'intelligence des circonstances qui se sont présentées, des mesures prises avec détermination, conduites avec méthode et persévérance, et qui ont amené une situation politique et militaire dont on n'a pas su profiter.

Tout ce que contient cet écrit *est la vérité, et toute la vérité. L'homme* qui dira le *contraire* est un *imposteur* et un *calomniateur :* qu'il se présente.

QUATRE-VINGT-DEUX JOURS DE COMMANDEMENT

DE LA PROVINCE D'ORAN,

EN 1837.

PREMIER CHAPITRE.

Situation des troupes et des divers services administratifs dans la province d'Oran au 14 janvier 1837.

C'est un fait reconnu par tous les hommes de guerre, que l'organisation des armées, quelque bien conçue et complète qu'elle soit, serait insuffisante au moment où les armées entrent en action, si elles ne trouvaient sur le théâtre de la guerre des ressources auxiliaires qui en sont le complément, et que l'emploi de toutes les richesses financières d'un état ne suffiraient pas à préparer.

L'armée la mieux organisée sera donc l'armée dont les rapports d'existence seront les plus directs et les plus immédiats possibles avec les nations au milieu desquelles elle est appelée à agir. Le nivellement qui s'est opéré et s'opère chaque jour entre les peuples de l'Europe par la propagation des lumières, qui civilise les esprits et le développement presqu'uniforme de l'industrie qui égalise les moyens, laissent peu de chose à faire à chaque peuple pour préparer ses armées ; il lui suffit de les *créer à son image*, et c'est encore là une des conditions de perfection pour leur organisation.

Mais l'Afrique est étrangère à nos mœurs, à nos usages, à notre industrie ; les élémens auxiliaires manquent, la supériorité de notre civilisation, même, devient un obstacle ; la nature n'y est pas préparée ; elle n'a pas été soumise par les travaux de l'homme d'Europe, et les œuvres si puissantes de notre industrie guerrière ne peuvent y recevoir une application générale.

Une armée destinée à opérer en Afrique, doit recevoir une organisation spéciale et appropriée aux mœurs des peuples qu'elle est appelée à combattre. Elle doit enfin, et sous tous les rapports, avoir une existence complète et qui la mette à même de suffire à toutes les exigences possibles et probables.

C'est dans l'oubli de ce principe qu'on doit chercher le secret de nos fautes et de nos revers. Les officiers généraux appelés à commander en Afrique, placés entre la nécessité de se jeter en dehors de toutes les règles admises en Europe, ou à rester dans une nullité qui compromet les intérêts de la France, son honneur et leur réputation, ont plusieurs fois, et avec une courageuse résignation, livré aux chances du hasard des entreprises dont la réussite aurait pû être assurée par des mesures de prévoyance, des dispositions sages et en harmonie avec les circonstances, qu'il n'était pas en leur pouvoir d'adopter.

Ces vérités, que j'ai senties, ont été le point de départ et le guide de ma conduite pendant les jours de mon commandement, et j'ai tout sacrifié pour préparer des succès que je savais ne m'être pas destinés.

Les expéditions de Mascara, de Tlemcen, de la Tafna, des généraux Perrégaux et L'Etang, dans l'est; enfin le ravitaillement de Tlemcen par ce dernier, opéré le 25 novembre 1836, avaient complètement ruiné la cavalerie française et arabe, les chevaux et mulets de l'artillerie et de l'administration ;

---

¹ Dès le 30 janvier, les chevaux et mulets des diverses armes avaient été mis à un régime spécial ; malgré cette mesure qui avait produit les meilleurs résultats, tel était encore, le 25 février, l'état des choses :

3ᵉ chasseurs d'Afrique, effectif...............		472 chevaux.
Disponibles........................	289	
Indisponibles......................	59	472
Hors de service....................	124	
Spahis, effectif...................		183.
Disponibles........................	106	
Indisponibles......................	19	183.
Hors de service....................	58	

enfin les bêtes de somme des Arabes nos alliés étaient du nombre de mille et plus, disponibles pour le service de l'armée, réduites à moins de 400 mulets ou

Artillerie, effectif.......................		123 chevaux.
Disponibles......................	79	
Indisponibles....................	6	123
A l'infirmerie....................	9	
Hors de service...................	29	
Génie, effectif........................		26
Disponibles......................	11	
Indisponibles....................	8	26
A l'infirmerie....................	5	
Hors de service...................	2	
Administration, effectif................		106
Disponibles......................	21	
Indisponibles....................	14	106
A l'infirmerie....................	8	
Pouvant être considérés comme hors de service.................................	63	

L'embrigadement des chameaux terminé vers le 15 mars n'a donné que 288 chameaux pouvant faire le service.

C'est avec de si faibles moyens qu'il fallait se préparer à entrer en campagne, trouver les moyens d'assurer toutes les parties d'un service qui se rattachait tout à la fois aux opérations ordinaires d'une armée en tems de guerre dans un rayon de trente à quarante lieues, à sa subsistance et aux travaux qui accompagnent la fondation d'une colonie. L'insuffisance était manifeste; force était de renoncer à toute opération militaire, à alimenter les postes extérieurs ou éloignés, à abandonner les travaux ou de suppléer aux besoins par les ressources locales qui n'étaient pas en meilleure situation, mais dont toutefois on pouvait retirer quelque assistance.

chameaux, et encore épuisés par la fatigue, exténués par le manque de nourriture, étaient-ils momentanément hors de service. Les Arabes alliés, resserrés sous le canon de la place d'Oran, n'avaient pas même au dehors l'espace nécessaire pour le pâturage des troupeaux; les chevaux des Douairs et des Smélas périssaient faute de fourrages. Le peu de grain que les cavaliers arabes pouvaient se procurer ne suffisait pas au soutien de leurs familles. Leur position n'était plus tenable; leur désertion était imminente.

Sous plusieurs rapports, la position des troupes françaises n'était pas meilleure. Depuis long-tems le soldat était réduit à moins de ½ ration de viande fraîche ou salée[1]. Les magasins de salaisons étaient vides, et l'administration réduite depuis quelque tems à accaparer, au moment de leur arrivée, les quelques livres de *lard en planche* que le commerce tirait de l'Espagne pour la consommation de la population. Enfin, le 6 janvier, les Garabas ayant enlevé,

---

[1] Pendant le mois de décembre il n'avait été acheté que 25,800 kil. de viande fraîche au lieu de 57,000 kilos qu'il aurait fallu, et en janvier 13,720 kilos. La viande fraîche n'était entrée dans la composition de la ration que pour 1/5, et aurait dû être complétée en lard; mais au lieu de 240,000 rations qu'il aurait, dans ce cas, fallu distribuer, il n'en fut distribué que 150,000. L'administration crut remédier à ce déficit par une augmentation de légumes secs : ce régime ne pouvait être continué sans amener l'anéantissement des forces physiques du soldat.

En décembre, le prix moyen de la viande avait été de 70 f. 75 c.
En janvier de.. 104   31

Malgré l'augmentation de 50 pour cent les achats avaient diminué de moitié; ce qui indique l'épuisement total des ressources locales.

entre Oran et la Maison-Carrée, les derniers bœufs de l'administration et l'approvisionnement des hôpitaux, il ne restait au parc, le 14 janvier, que 41 bœufs, fesant ensemble 11,200 rations, pour subvenir aux besoins journaliers de 10,000 rationnaires.

Tlemcen, la Tafna étaient étroitement bloqués. La seule ville de Mostaganem, placée sur la rive gauche du Chéliff, à peu de distance de son embouchure, conservait quelques relations clandestines avec les tribus voisines, en raison de leur éloignement du centre d'influence d'Abd-el-Kader; d'ailleurs, à cette époque, l'autorité de l'Émir était encore fortement contestée dans l'est. Tlemcen n'était approvisionné que jusqu'au 15 mars. Il fallait donc se mettre en marche pour en opérer le ravitaillement vers les derniers jours de février, époque où les pluies tombent avec le plus d'abondance, où toutes les rivières sont débordées, où les chameaux, totalement inhabiles à la marche sur un terrain détrempé et fangeux, ne sont d'aucun secours pour les transports. D'ailleurs j'ai dit, et je rappellerai ici, que les chevaux de la cavalerie, de l'artillerie, de l'administration et les bêtes de somme étaient totalement épuisés, et momentanément hors de service.

Il est encore à remarquer que l'opération du ravitaillement de Tlemcen exigeait l'emploi de douze jours de marche, dans l'hypothèse la plus favorable, qu'il fallait donc se mettre en mouvement avec quinze jours de vivres au moins pour une colonne d'expédition forte de 4,000 hommes (4,500 rationnaires)

1,000 à 1,100 chevaux de cavalerie, artillerie, génie et administration, et 400 bêtes de somme de toute espèce. On ne pouvait penser à mettre la colonne en marche en maintenant les troupes expéditionnaires à la ½ ration[1] : c'était 400,000 rations de viande qu'il était indispensable de réunir dans l'intervalle du 14 janvier au 28 février, pour assurer le service d'Oran jusqu'au 15 mars, et donner seulement la possibilité d'entreprendre le ravitaillement de Tlemcen.

Or, je le répète, le 14 janvier il n'existait au parc de l'administration que 41 bœufs estimés 11,200 rations. Il n'y avait aucune chance d'achat sur place, ou de recevoir des provenances de l'intérieur, et

---

[1] Quinze jours de viande sur pied donnaient un total de .... 67,500 rations.

L'approvisionnement de trois mois pour la garnison de Tlemcen sur le pied de 700 rationnaires 63,000

Il fallait laisser un demi approvisionnement à Oran pour le fond de l'armée (5500 rationnaires) jusqu'au 15 mars, jour présumé du retour de la colonne.. 41,250

Enfin il fallait nourrir les 10,000 rationnaires existans à Oran, du 14 janvier au 28 février, jour présumé du départ de l'expédition : 45 jours..... 225,000

                                                                                                    ———
                                                                                                    396,750

Les besoins du service courant de la division étaient :

1º Oran et Arzen, 10,000 rationnaires....... 10,000
2º Mostaganem............................ 1,500
                                           ———
                 A Reporter.........   11,500

nulle mesure n'avait été prise pour assurer un meilleur avenir.

Mais les difficultés ne devaient pas tarder à s'augmenter encore; dès janvier, de nouvelles troupes furent annoncées. Le casernement d'Oran déjà trop restreint ne pouvait recevoir les nouveaux régimens. Il fallait camper les troupes et les pourvoir des effets de campement les plus indispensables, satisfaire à leurs besoins de toute espèce, et les magasins de campement avaient été épuisés par l'expédition de Constantine.

Cependant le centre d'action était à Alger, et chaque jour révélait sur les lieux des besoins impérieux à satisfaire, et j'avais à combattre tout à la fois les

Report............	11,500 rations.
3° La Tafna.......................	800
4° Tlemcen........................	700
Total.........	13,000

Un approvisionnement de trois mois présentait donc une quantité de 1,300,000 rations, ci:	1,300,000
Mais il est à observer que l'armée ayant deux bases principales d'opération, Oran et Mostaganem; et une base secondaire, Tlemcen et la Tafna; ce dernier point étant considéré comme dépendant du premier, il fallait avoir, à Mostaganem et la Tafna, conformément aux ordres de M. le Maréchal Clauzel, l'approvisionnement d'une colonne de 5,000 hommes pour un mois, c'est-à-dire 150,000 rations de toute nature; savoir: 300,000 rations, ci.................	300,000
Total...........	1,600,000

lenteurs de l'exécution, les objections d'une autorité éloignée du théâtre des difficultés du moment, et à préparer un avenir qui se rapprochait avec une effrayante rapidité.

Déjà ma responsabilité était grande à l'époque où M. le maréchal Clauzel écrivait au général Rapatel qu'indépendamment de l'expédition sur Tlemcen, je devais tout préparer à la Tafna et à Mostaganem pour que les troupes de la division fussent en mesure d'entrer en opération dans les premiers jours du printems pour tenir les Arabes en échec dans l'ouest, et préparer dans l'est l'occupation de Kallah et de Mascara.

Mais ce n'était plus les mouvemens d'une colonne de 4,000 combattans, c'était une armée tout entière dont il fallait assurer la subsistance et préparer les opérations. A part les renforts considérables qui furent dirigés sur Oran, je n'ignorais aucun des détails que je viens de donner; aussi lorsque j'appris que j'étais destiné à prendre le commandement par intérim de la province, je me rendais parfaitement compte de toutes les difficultés avec lesquelles j'allais entrer en lutte. Mais j'étais encouragé par les résultats d'une campagne de quatre mois dans la Mitidja, et le souvenir du succès que j'avais obtenu dans toutes les entreprises dont j'ai été chargé dans ma longue carrière militaire. D'ailleurs étant le maréchal-de camp le plus ancien de l'armée d'Afrique après le général Trézel, qui commandait à Bone, prendre le commandement d'Oran était mon devoir, mon droit et mon avenir.

SECOND CHAPITRE.

Exposé des dispositions administratives prises depuis le 14 janvier 1837, jusques au 1er avril suivant.

Autre chose est de voir les évènemens de loin à travers le prisme de l'imagination, ou de se trouver face à face avec les faits et les difficultés. Depuis long-tems j'avais compris cette vérité, mais à mon arrivée à Oran, elle se révéla de nouveau dans toute sa force. Sans doute je connaissais la position difficile de la division, mais je l'avais vue d'Alger : maintenant je jugeais par moi-même des difficultés presqu'insolubles contre lesquelles j'allais lutter. D'ailleurs je succédais à un officier général dont je ne pouvais méconnaître la capacité; aussi je conviens qu'à ce moment j'eus de vifs regrets d'avoir accepté ce commandement.

Cependant il n'y avait pas à reculer. Je m'armai de courage et j'examinai attentivement l'état des choses. Je reconnus que la position à laquelle on se trouvait réduit à Oran, tenait moins aux obstacles réels qu'au système dans lequel l'officier-général, revêtu du commandement, se trouvait placé indépendamment, peut-être, de sa volonté. Le centre d'action était à Alger ; les difficultés et les besoins existaient sur les lieux, leur exigence était incessante et immédiate.

Le remède était éloigné, lent dès lors à se produire, de telle manière que le commandant d'Oran était constamment dominé par la force d'évènemens au-devant desquels il ne pouvait aller.

Que faire dans une situation semblable? Je voyais le remède, la difficulté était de l'appliquer. Ma position était pénible, car d'une part je ne pouvais dire toute la vérité sur les choses, sans blâmer l'administration, ce qui me répugnait à faire, ou accuser mon prédécesseur, ce qui n'eût été ni juste, ni généreux.

Je me décidai donc au seul parti qui pût convenir à un homme de cœur, j'acceptai le fardeau et gardai le silence sur toute l'étendue des difficultés que j'avais à combattre, me réservant, *in petto*, le droit de m'affranchir, en silence et avec la réserve convenable, des lisières qui avaient paralysé les mouvemens de mon prédécesseur. Je croyais y être autorisé par la connaissance parfaite que j'avais des intentions de mes supérieurs et ma profonde conviction de la confiance entière qui m'était accordée.

J'entrai donc hardiment dans un système de *déterminations* énergiques et actives.

Dès avant mon départ d'Alger, monsieur le maréchal Clauzel avait apprécié la position critique des Douairs et Smélas, nos alliés ; il m'avait donné le pouvoir de subvenir à leurs besoins les plus indispensables par une décision du 8 janvier 1837. « Il avait « ordonné que les Douairs et Smélas réunis sous les « ordres de l'Agha-Mustapha-Ben-Ismaël, recevraient « désormais, et jusqu'à nouvel ordre, une double

« ration de pain, cinquante centimes de solde et une
« ration de fourrages. »

Par une application judicieuse, des mesures humaines, équitables et politiques de M. le Maréchal, les souffrances de la population alliée furent soulagées; mais ce n'était pas assez, il fallait compléter ce bienfait et donner à cette population un meilleur avenir en lui rendant ses moyens d'existence, l'exploitation des bois, de la chaux, la culture des terres et le pâturage des troupeaux.

L'établissement d'un nouveau poste à Mezergin, situé à trois lieues à l'est d'Oran, et quelques modifications de détail dans la composition des postes assurèrent, aux Arabes et à l'armée, la jouissance de douze lieues carrées de terrain. Une seule fois, les arabes Garabas osèrent tenter une *razia* (enlèvement de troupeaux); sept têtes et quelques prisonniers, restés aux mains des Douairs, leur ôtèrent la tentation de recommencer.

Si l'utilité de l'occupation de Mezergin avait pu être contestée, ce qui est arrivé le jour même où les troupes se portèrent sur ce point, en aurait démontré la nécessité. Ce jour-là, les tentes arabes concentrées sous les murs d'Oran et dans les ravins inaccessibles des montagnes qui avoisinent la place, furent levées; elles se déployèrent jusqu'au delà de Mezergin sur les pentes les plus basses qui bornent la plaine. Cette dernière, sillonnée dans tous les sens par les cavaliers arabes rendus à leur existence et à ce qu'ils appelaient leurs foyers, fut de nouveau animée par la présence des troupeaux. Bientôt les cultures s'étendirent dans un cercle de deux lieues : c'était la première fois, depuis la conquête, que la charrue fertilisait la plaine d'Oran.

Dès ce moment, les femmes arabes adressèrent au ciel des prières pour le général qui avait assuré leur subsistance. Lui ont-elles porté bonheur?

Les rations de fourrage allouées aux cavaliers arabes, ajoutées aux nouvelles ressources que leur offraient les pâturages, pouvaient suffire pour améliorer rapidement l'état des chevaux et des bêtes de somme de nos alliés; notre cavalerie régulière et les chevaux des diverses armes ne pouvaient être ainsi éparpillés : la prudence exigeait de les tenir réunis. Toutefois il était indispensable de mettre les uns et les autres à un régime alimentaire qui, sans amener un rétablissement total et inespéré, les mît au moins en état de suffire aux exigences les plus impérieuses du service. Je pris donc sur moi d'ordonner des mesures extra-réglementaires. Le succès passa les espérances.

Le service des vivres-viande excepté, toutes les autres branches du service des subsistances marchaient avec assez de régularité. Cependant des plaintes étaient portées sur la qualité des fourrages. Le mal tenait d'une part à la nature des foins provenant de Bone, dont on avait envoyé le rebut à Oran; de l'autre, au manque de magasins couverts. Vérification faite des parties avariées qui se trouvaient dans une quantité déterminée, j'ordonnai un supplément proportionnel.

J'insiste sur ces particularités, car des difficultés analogues se présentent fréquemment dans les diverses branches du service; et il est utile que les lecteurs non militaires puissent apprécier l'étendue des détails qu'un officier-général doit embrasser.

Mais passons à la grande difficulté, aux vivres-viande. Ce service est celui de tous qui présente le plus de chances de perte. Les employés de l'administration, comptables envers l'état des quantités qu'ils reçoivent, n'aiment pas à se charger en recette d'une denrée qui fond au soleil et s'évapore en marchant. D'un autre côté, l'intendance, défenseur des intérêts du trésor, reste autant que possible, pour ce service, dans les limites de l'indispensable; dès lors, si des circonstances extraordinaires viennent à surgir, l'administration se trouve en défaut : à Oran, l'espoir d'un meilleur avenir avait fait reculer devant les sacrifices. Mais le moment des besoins impérieux était arrivé. Le lieutenant-général Rapatel, préoccupé de la gravité de la situation, indiquait dans ses dépêches, mais comme ressources très éventuelles, un coup de main sur les tribus ennemies, ce qui était devenu impossible. L'Émir avait fait éloigner les tribus à trois journées de marche. La cavalerie, arme la plus indispensable dans ces sortes d'opérations, ne pouvait être employée à cette époque sans être totalement sacrifiée. D'ailleurs, le parc était vide, et l'armée se trouvait ainsi placée dans cette position, qu'elle ne *pouvait marcher faute de vivres et ne pouvait vivre faute de pouvoir marcher.*

Des mesures promptes et efficaces étaient devenues indispensables; autrement il fallait renoncer à mettre les troupes en mouvement, sans se décider à spolier *entièrement* nos alliés, ou à manger les chevaux et les chameaux hors de service: j'eusse préféré cette dernière mesure. A cet égard mon parti était pris: la colonne expéditionnaire aurait vécu de la chair de ces animaux, et les vivres dont chaque *soldat* aurait été chargé, eussent servi à ravitailler Tlemcen. En farine et en riz, un homme peut porter quinze jours de subsistances. Je n'eusse pris que trois mille hommes, mais forts et vigoureux, portant 45,000 rations, soixante-cinq jours de vivres pour Tlemcen; une marche rapide et inattendue aurait assuré le succès de cette entreprise.

Il n'y avait pas un moment à perdre. Par une réquisition frappée à prix d'argent sur les tribus alliées, j'assurai un approvisionnement pour vingt-cinq jours; et à partir de ce moment la marche du service fut régulière, mais à raison de ½ ration. L'Intendant avait proposé de substituer une rétribution en argent à la ration de viande. Cette mesure était inadmissible sous tous les rapports. En effet, d'une part le soldat n'eût trouvé à acheter que des alimens de mauvaise qualité; d'un autre côté, l'exécution des règlemens doit s'observer d'autant plus rigoureusement qu'elle se rattache directement à ses besoins.

L'Intendant fit de vains efforts près du commerce d'Oran. Aucun négociant ne voulut contracter, ni à aucun prix, ni pour aucune époque. On regardait comme une tentative dénuée de raison l'envoi d'un agent de l'administration à Carthagène; mais je connaissais l'Espagne, et je savais que dans cette circonstance, il ne fallait pas s'en rapporter au commerce, qui base son opinion sur les chances de bénéfice, et que là où la matière existe, on peut toujours l'obtenir. Vaincu par l'expérience, l'Intendant me demanda de faire partir un second employé pour l'Espagne. Son choix tomba sur M. Albin, qui se rendit à Valence, et de là à Madrid.

Ces mesures venaient d'être prises, lorsque le bateau à vapeur d'Alger amena le sieur Ben-Durand, aîné. Il était porteur de lettres de M. le lieutenant-général Rapatel et de l'Intendant en chef, avec lequel il avait contracté des marchés. Durand ne s'engageait pas à livrer, l'administration s'engageait à recevoir. Ce mode de transaction n'offrait aucune garantie : mais je ne pouvais m'immiscer en aucune façon dans une affaire réglée par l'Intendant en chef et le Gouverneur par intérim. Je me bornai à indiquer à l'Intendant l'étendue des besoins et celle de ses devoirs.

Bien que par les marchés contractés à Alger avec l'Intendant en chef, Durand ne fût pas obligé, la démarche qu'il fesait, l'intérêt qu'il avait à tenir ses engagemens, me fesaient espérer que le service pourrait être assuré. Vers la fin de janvier, son frère étant arrivé de l'intérieur à Oran très gravement malade, Durand partit lui-même pour les Garabas, afin de faire des achats. Cependant, vers la fin de février, il n'y avait pas encore de commencement d'exécution; mais comme à cette époque le marché pour le ravitaillement de Tlemcen fut conclu, je commençai à avoir quelque confiance[1].

Toutefois, dans les premiers jours de mars, je conçus de vives inquiétudes; Durand n'accomplissait pas ses engagemens, on n'avait aucune nouvelle de M. Albin, et il m'était permis d'avoir des doutes sur la bonne foi d'Abd-el-Kader. Il fallait en finir avec Durand; je savais par qui Abd-el-Kader espérait connaître mes projets; il apprit par cette voie que je le trompais, que le 9 je marchais sur Tlemcen. Le mouvement fut général. Toutes les tribus couraient aux armes.

L'intendance, qui ne savait pas mon secret, crut tout perdu, et j'avoue que moi-même j'eus la

[1] Les engagemens facultatifs pris par Durand étaient loin de pouvoir suffire aux besoins: l'administration ne s'était engagée à recevoir que jusqu'à concurrence de 1200 quintaux, encore 500 seulement devaient être livrés dans un bref délai. Les 700 autres ne devaient être remis à l'administration qu'en trois versemens:

1º 200 quintaux, 15 mars
2º 200 idem, fin mars } 700 q.
3º 300 idem, 15 avril

Cette ressource, on le voit, était très précaire; un caprice d'Abd-el-Kader, la nécessité de marcher sur Tlemcen, enfin toute autre circonstance qui eût amené une collision, eût arrêté ces versemens. Aussi je les considérai comme très éventuels, mais comme apportant un peu de soulagement aux besoins de l'armée, en attendant le résultat des mesures prises en Espagne. Au moment où le marché, pour le ravitaillement de Tlemcen, fut conclu, si mes espérances se relevèrent, ma tranquillité fut de peu de durée, comme on va le voir.

crainte d'avoir dépassé le but. Son effroi fut d'autant plus grand qu'aucune nouvelle d'Albin n'arrivait.

Enfin, en mars, l'Intendant chargé du service des vivres me rendit compte qu'il paraissait certain que M. Albin était tombé au pouvoir des carlistes, et me sollicita d'envoyer un officier à sa recherche. On n'avait plus rien à espérer de la mission Méjanel à Carthagène, et d'un autre côté la désignation d'un officier-général, commandant la division active, était annoncée par les journaux; et bien qu'aucune lettre ministérielle n'eût donné avis de sa nomination, cet officier-général donnait pour instruction de former un parc de réserve de 1,000 têtes de bétail.

La position était en effet critique; il paraissait alors clairement démontré que la politique d'Abd-el-Kader ne permettrait pas à Durand d'aller au delà de nos besoins courants. Le marché passé à Alger entre ce dernier et l'Intendant en chef avait été conclu du 10 au 15 janvier; arrivé à Oran dans les derniers jours de ce mois, Durand n'avait encore, le 15 mars, livré que 119 bœufs, représentant 48,985 rations; la subsistance de cinq jours. Le service ordinaire n'était même pas assuré. L'intendance s'adressait à tout le monde, et personne ne voulait contracter. Dans cette circonstance, M. Sol, sous-Intendant civil d'Oran, m'adressa M. Puig; je le renvoyai à M. l'Intendant chargé du service des vivres.

Ici se bornent toutes les transactions administratives qui eurent lieu avant le 6 avril. *Si des marchés considérables* ont été passés à une époque postérieure, ils ont été *imposés à l'administration par une autre autorité que la mienne*[1].

Ma conduite à l'égard de l'intendance, a toujours été circonscrite dans le cercle rigoureux des pouvoirs qui m'étaient dévolus. Je lui ai toujours laissé l'indépendance entière qui lui appartient, comme appelée à contracter pour l'État.

Rien n'est plus distinct dans nos armées que les pouvoirs du commandement et les attributions de l'intendance.

L'officier-général, responsable du résultat des opérations qui lui sont confiées, exerce nécessairement une autorité directe sur les mesures qui sont indispensables pour en assurer le succès ; mais dans aucun cas son autorité ne peut s'étendre jusqu'à s'immiscer directement dans les stipulations contenues dans les marchés. A cet égard, la seule autorité compétente

---

[1] Le retour inespéré de M. Albin, et le succès de sa mission en Espagne, achevèrent d'assurer le service; en sorte qu'au 1er avril, il était garanti contre toutes les éventualités possibles jusqu'au 10 juin.

Enfin le 28 mars, Durand, aîné, partit d'Oran avec 42 chameaux portant du café, du riz, des vêtemens et des médicamens fournis par l'administration et formant le complément du ravitaillement de Tlemcen auquel il s'était engagé : les rivières étaient encore débordées, et il ne put arriver à sa destination qu'avec de grandes difficultés.

Avant son départ, il avait proposé de fournir 2400 têtes de bétail ; mais l'intendant chargé des subsistances refusa ses offres. Ainsi du 15 janvier au 1er avril, 85 jours, Durand avait fourni seulement 1200 q. métriques de viande, fesant 480,000 rations, quantité insuffisante pour la subsistance d'un mois. Hors le ravitaillement de Tlemcen, on peut juger du secours dont il a été pour l'armée en ce qui concerne les vivres-viande.

est l'intendance, car elle est seule responsable. Si l'officier-général est juge de la nécessité, à l'Intendant appartient le choix des moyens.

Ces règles sont sages et conformes à la raison : elles accordent tout ce qui est nécessaire à celui qui commande, pour laisser à l'administrateur toute la responsabilité qui lui appartient. En effet, le caractère d'impécabilité dont l'officier-général est revêtu par les règlemens et qui résulte de la responsabilité de l'intendance, peut seul donner au premier la confiance et la *sécurité* dont il a besoin pour se déterminer à prescrire des mesures qui sont de nature à grever le trésor. Dans ces circonstances si graves, *la bonté de son jugement peut être mise en cause; mais sa probité jamais, s'il est resté dans les limites de ses pouvoirs.* L'attaquer dans ce cas, c'est agir contre la justice et l'intérêt de l'Etat; car c'est rendre tout commandement impossible.

TROISIÈME CHAPITRE.

Exposé des opérations militaires et des relations politiques dans la province d'Oran, depuis le 14 janvier 1837 jusqu'au 1ᵉʳ avril suivant.

La tranquillité des esprits résulte dans une armée de la prévoyance du chef. Ses dispositions doivent être telles que les troupes ayent toujours le tems nécessaire pour assurer leur présence utile sur le terrain en cas d'attaque, et que les prises d'armes paraissent plutôt provoquées par la volonté de l'officier-général que par l'exigence des évènemens.

Dès mon arrivée à Oran, la situation des affaires me fut clairement indiquée par une disposition morale, commune à l'armée et à la population. Chacun était préoccupé des évènemens de la guerre et de ses besoins personnels. Il y avait donc des dangers immédiats à redouter et des besoins impérieux à satisfaire.

Cependant nul sentiment de crainte, ni même d'inquiétude, ne dominait les troupes; mais elles manquaient de repos d'esprit et de calme, et la population était sur le qui vive.

L'état d'anxiété, que je viens de signaler, tenait à l'insuffisance des postes extérieurs qui ne formaient pas un système de défense complet. Non-seulement leur rayon d'action était trop limité, mais l'espace de terrain compris dans leur développement n'en recevait pas sur tous les points une protection efficace. La redoute du Figuier, simple poste d'observation, isolé à une distance de trois lieues dans la plaine, ne pouvait la protéger et n'était susceptible que d'une défense passive. D'un autre côté, les renforts, qui sortaient d'Oran, arrivaient toujours trop tard pour arrêter les déprédations des Arabes maraudeurs. Je plaçai un bataillon à la position dite du petit lac, position qui domine le lieu des embuscades ordinaires des Arabes. En cas d'une simple tentative sur les troupeaux, cette troupe était suffisante pour faire marcher un fort détachement qui ne pouvait être compromis. En effet, d'une part il avait pour point d'appui la Maison-Carrée et la redoute de Sidi-Chahal; de l'autre, la position de Sidi-Abd-el-Kader; enfin, et plus en avant la redoute du Figuier; et il pouvait, dans tous les cas, opposer, à l'attaque quelque imprévue et énergique qu'elle pût être, une résistance assez prolongée pour donner le tems aux troupes sorties d'Oran, d'arriver sur le lieu du combat.

J'ai indiqué à l'occasion de la position critique des Douairs et Smélas, nos alliés, l'utilité du point de Mezergin pour assurer leur subsistance; mais je ne me fusse pas décidé à donner à ce poste, l'importance militaire qu'il a acquise aujourd'hui, s'il ne s'était pas attaché directement et essentiellement à la défense du territoire d'Oran proprement dit. Le poste du Figuier ne peut observer que dans la direction de Mascara ou la route supérieure de Tlemcen; il ne peut avoir aucune connaissance de ce qui se passe vers Mezergin et Brédia, route directe de cette dernière ville. La situation de Mezergin, à trois lieues d'Oran, sous l'abri d'une chaîne de collines du haut desquelles on peut surveiller tout ce qui sort de la place ; l'abondance des eaux permettait aux Arabes de s'y réunir. De là, ils pouvaient, à volonté, se jeter dans la plaine d'Oran, ou dans le Gaméra et l'Haffra ; ils tenaient ainsi, en échec, les Arabes, nos alliés, qui ne pouvaient, sans danger, s'éloigner de la portée du canon d'Oran. L'occupation de Mezergin par l'armée française couvrait les débouchés de la plaine. Sur le revers opposé des collines qui la couvrent de ce côté, elle éclairait l'accès des gorges de l'Haffra et du Gaméra : effectivement, de ce poste, la vue s'étend, d'une part, au-delà de Brédia ; et de l'autre, jusqu'au pied de la chaîne de montagnes qui s'élève de l'autre côté du lac Segba : ce dernier forme, en avant de Mezergin, un glacis de deux lieues d'étendue, et pas un cavalier arabe ne peut paraître sans être aussitôt découvert.

Ce système d'observation devait être complété par un poste placé au point culminant de la chaîne de collines qui s'élève en arrière de Mezergin et d'où l'on découvre tout à la fois ce dernier point, la redoute du Figuier, la ville et toute la plaine d'Oran. A peu de distance, devait se trouver le point d'intersection de la route d'Oran à Mezergin, et de deux autres routes, l'une venant de Sidi-Abd-el-Kader, l'autre des Figuiers ; mais ces travaux n'existaient encore qu'en projet, lorsqu'au mois d'avril je perdis, de fait, la direction des affaires de la province, et leur exécution fut abandonnée.

Au moment de l'occupation de Mezergin, les Arabes, nos alliés, s'étant, ainsi que je l'ai dit, établis sur les pentes inférieures qui, de l'Haffra et du Gaméra, descendent dans la plaine, la sécurité complète du territoire d'Oran fut rétablie. Nos ennemis avaient à franchir pour nous attaquer un terrain entièrement découvert, sans cesse éclairé par les cavaliers, nos alliés, qui le parcouraient dans tous les sens.

Non-seulement mes opérations avaient eu un résultat immédiat, mais l'expérience a prouvé que pas une des dispositions que j'avais prises n'était inutile pour l'avenir. Lorsqu'Abd-el-Kader, avec 6,000 chevaux, se présenta le 22 mai devant Oran, il ne put, comme par le passé, établir ses cavaliers dans les replis du terrain qui avoisine la Maison-Carrée. La redoute du petit lac s'y opposait; obligé de se présenter de front entre Oran et le Figuier, il s'établit de sa personne à la position de Sidi-Abd-el-Kader. Mais, forcé alors d'attaquer les positions, en avant d'Oran, de front, et par un terrain découvert, il n'osa s'y aventurer : à deux heures, il avait effectué sa retraite. Le poste de Mezergin devint le point d'appui et de départ de toutes les opérations de la division active, soit avant, soit après la paix de la Tafna. Les travaux que j'avais fait exécuter, eurent le double avantage de préparer les troupes qui arrivaient de France, aux fatigues de la campagne, et de leur épargner ce travail à l'époque des chaleurs.

Après avoir assuré la tranquillité du territoire, il fallait préparer l'avenir de l'armée. Je m'occupai des mesures nécessaires pour remonter la cavalerie et réorganiser le matériel de l'artillerie, du génie et de l'administration. J'adressai, à ce sujet, des rapports détaillés à Alger. Non-seulement j'y exposai les besoins, mais j'y indiquais les moyens d'y subvenir. On ne peut douter que mes vues ne fussent bien conçues et utiles, car toutes ont été adoptées par monsieur le Ministre de la guerre, et mises à exécution.

Avant mon arrivée, les travaux du génie avaient été subordonnés à toutes les chances des évènemens journaliers et des moindres mouvemens des troupes. Cette faute se répétait chaque année, depuis le départ du général Boyer dont le principe était, qu'il *fallait faire son nid.* On oubliait qu'il s'agissait des premiers besoins de l'armée. Je donnai, aux ouvriers qu'on tirait des corps, une organisation permanente, de manière que les travaux prirent, de ce jour, une marche régulière et non interrompue. J'étais résolu de maintenir invariablement cet ordre.

La position des Douairs et des Smélas, nos alliés, fixa ensuite mon attention. Avant de rendre compte de la ligne de conduite que je crus devoir suivre à leur égard, je dirai quelques mots de ces tribus et de leur origine.

Les Turcs, conquérans et oppresseurs de l'Algérie, peu nombreux et disséminés sur un vaste territoire, puisant de rares et lointains renforts dans l'Asie-Mineure, durent chercher dans les ressorts d'une politique astucieuse et cruelle la force qui manquait à leur autorité. Diviser pour régner fut leur plus constante maxime. Fomenter les haines de tribus à tribus, acheter à prix d'or le secours de quelques populations arabes pour combattre les autres et la race indomptée des Kabyles, tels furent les moyens qu'ils mirent en œuvre, et avec l'aide desquels ils parvinrent à obtenir, je ne dirai pas la soumission et l'obéissance des indigènes, mais le paiement forcé des impots et la sécurité sous les murs de leurs villes.

Parmi les tribus que les Turcs entretenaient à leur solde dans la province d'Oran et qui étaient désignées sous la dénomination commune de Mugzin, les plus puissantes et les plus aguerries étaient les Douairs, les Smélas, les Garabas et quelques autres moins importantes, confondues avec ces derniers. Ce sont aussi les plus rapprochées d'Oran.

Pendant que les Garabas suivaient les étendards d'Abd-el-Kader, les Smélas et les Douairs lui disputaient l'empire. Vaincu par eux, l'Emir ne trouva son salut que dans l'appui de la France; on sait comment il l'en récompensa à la Macta. Vainqueur, à son tour, il rejeta ses adversaires sous les murs d'Oran, dont le territoire leur fut un asile jusqu'au traité de la Tafna.

Devenus nos alliés, les Douairs et les Smélas partagèrent nos combats et nos périls; leur dévouement résista aux privations de la faim et aux attaques réitérées que leur méritèrent de la part d'Abd-el-Kader sa haine invétérée contre eux, et leur union avec nous.

Braves et belliqueux, leur gouvernement est féodal : chez eux on retrouve toute la hiérarchie du moyen-âge et les mœurs chevaleresques faiblement tempérées par l'influence de l'islamisme. L'autorité de leur chef est le seul lien politique qui les unisse, le seul pouvoir qui soutienne l'ordre public. En ce moment, leur suzerain et leur patriarche est Mustapha-Ben-Ismaël. Ce noble vieillard, d'un corps et d'une ame robuste, guerrier intrépide et politique habile, possède le coup-d'œil de l'aigle, et conserve, à près de quatre-vingt ans, toute la vigueur et l'énergie de la jeunesse. Autour de lui se groupent les membres de sa famille, la plus noble et la plus puissante des Douairs; el Mezary, également remarquable sous le double rapport politique et militaire, et Ismaël Ben-Kadi, le modèle des chevaliers arabes par sa bravoure, son adresse et sa loyauté.

Jusqu'à ce moment, les Douairs et les Smélas, accolés en quelque sorte, plutôt que réunis à l'armée française, avaient vécu à côté de nous sans se ressentir de l'influence de la supériorité de nos institutions. On les avait jugés, non à leur valeur réelle, mais sur l'apparence. Long-tems l'autorité en avait fait peu de cas. Quelle estime, en effet, accorder à des hommes demi nus, vivant sous des tentes enfumées et mangeant avec leurs doigts. On avait méconnu leur énergie morale, tout ce qu'il pouvait y avoir d'avenir dans les guerriers qui étaient à leur tête. Le compétiteur d'Abd-el-Kader, celui qui l'avait mis à deux doigts de sa perte, était négligé par ceux qui commandaient à Oran. On n'avait pas compris le lien social de ces peuples, et vu, sous le burnus blanc qui couvre leurs chefs, l'hermine des grands vassaux du moyen-âge; et à cet égard l'oubli des convenances a été porté si loin, que les *chevaliers* arabes ont été forcés à venir recevoir à côté de leurs *serfs* et *gens d'armes*, la solde de simple cavalier que la France accordait à ces derniers. Je n'ai point à me faire un semblable reproche; et sans jamais déroger à la dignité du commandement, j'ai donné à Mustapha-Ben-Ismaël, leur chef, toutes les marques de déférence et d'estime qui pouvaient le satisfaire et que méritent sa dignité, son âge et son caractère. Ainsi, lorsqu'il me présenta son fils âgé de neuf ans et auquel il venait de confier un cheval pour la première fois, je fis présent à l'enfant d'un sabre. Ce don flatta l'esprit belliqueux du père, qui me demanda de faire inscrire sur le rôle des cavaliers l'enfant auquel je venais de donner des armes. J'y consentis, et bientôt cet exemple fut suivi par plusieurs des principaux chefs, jaloux de mettre leurs fils à la solde de la France, ce qui habituait ainsi ces Arabes à se regarder dès leur jeune âge comme ses alliés et ses auxiliaires.

Je m'occupai donc spécialement d'assurer un avenir aux Douairs et Smélas. En cela j'accomplissais les intentions justes et sages, manifestées par monsieur le maréchal Clauzel, quand à l'époque où il m'appelait au commandement d'Oran, il indemnisait leur fidélité et soulageait leur misère, en leur accordant des rations et une solde. Dès la fin de février, j'avais fait faire le dénombrement des hommes en état de porter les armes et dresser les états nominatifs. Ils étaient au nombre de 600 cavaliers et 2,700 fantassins. Je comptais proposer de leur donner une organisation régulière, en rapport avec l'autorité de leurs chefs ; c'était un moyen d'exercer une surveillance sur la conduite de ces derniers à l'égard de la population sur laquelle ils dominaient, non pour arrêter l'effet de leurs pouvoirs, mais pour en régler l'action par l'influence de nos idées d'ordre et de justice. Un autre a préféré attaquer ce pouvoir dans ses racines ; j'ai le droit de lui demander ce qu'il veut mettre à la place.

J'avais également donné une organisation régulière aux transports auxiliaires ; c'était encore un moyen d'influence et d'intervention : mais on a continué, comme par le passé, à réunir les bêtes de somme des Arabes, en un troupeau qu'on répartissait au moment même, selon les besoins du service.

Je ne sais si je me trompe, mais je crois avoir lieu de penser que mes prévisions militaires et administratives étaient la juste conséquence des besoins du présent et des évènemens à venir. Voyons si ma conduite dans les affaires politiques, auxquelles se rattache déjà ma conduite avec les Arabes nos alliés, est restée au-dessous des circonstances qui se sont présentées, et si j'ai su en retirer les avantages qui pouvaient en résulter.

Tous ceux qui ont habité Alger, savent que Ben-Durand était l'oukil d'Abd-el-Kader et qu'il était revêtu de toute sa confiance. Son arrivée à Oran devait donc me donner beaucoup à penser. Comment se fesait-il qu'Abd-el-Kader, dont tous les efforts tendaient à nous isoler des populations arabes, à nous ôter la disposition de toutes les ressources locales, renonçait, tout-à-coup, à ce système et offrait de remettre, en nos mains, ce qui manquait pour suffire à nos besoins et rendre nos armées mobiles. Au premier moment, j'ai pensé qu'il voulait se jouer de nous et nous donner de fausses espérances pour nous détourner de chercher au loin, ce qu'il nous promettait sur les lieux, gagner du tems, et nous faire perdre la campagne de 1837; à moins cependant qu'il n'y eût, dans ses relations avec Alger, quelque rapprochement que j'ignorais, ce qui, du reste, n'était pas en opposition avec ma première pensée.

Toutefois je ne tardai pas à pénétrer ce qu'il pouvait y avoir de vrai ou de faux dans mes prévisions à cet égard. Abd-el-Kader n'aurait pas repoussé toute transaction qui lui aurait présenté la compensation des avantages que lui-même nous eût accordés; mais il sentait très bien que ce qu'il aurait donné pour satisfaire nos besoins, pouvait lui être préjudiciable sous quelques rapports; tandis que ce qu'il aurait donné au delà de nos exigences du moment, profitait à lui seul, par l'importance des sommes qu'il aurait reçues: aussi j'ai lieu de penser, qu'il nous eût livré dix mille têtes de bétail pour de l'argent, et au delà de mille chevaux pour de la poudre. Ceci n'avait pas été compris. Quelle que fût d'ailleurs la pensée d'Abd-el-Kader dans la mission qu'il avait donnée à Durand, il serait par trop niais d'y voir autre chose que des vues d'intérêt tout personnel, bien conçues : la lecture du quatrième chapitre éclairera le lecteur à ce sujet.

La présence de Ben Durand dans la province d'Oran, se rattachait donc, ainsi que je l'avais pressenti, aux démonstrations pacifiques d'Abd-el-Kader : j'en trouvai la preuve dans une lettre par laquelle il autorisait Durand à l'achat des bestiaux. Ce fut le point de départ pour arriver au ravitaillement de Tlemcen, par voie de négociation. Mais ce n'était pas en paraissant le désirer, que je pouvais l'obtenir. Pour convaincre Durand que je ne voulais pas en entendre parler, je fis valoir tous les motifs d'ambition qui peuvent animer un officier-général ; toutefois, je me laissai entraîner à son opinion.

Les motifs qu'il fesait valoir pour me décider à accepter sa proposition de ravitaillement, étaient fondés en raison.

Abd-el-Kader manifestait ses intentions de paix, non-seulement par de belles paroles, mais par des faits. Des propositions de paix avaient été transmises à Paris. Tous les prisonniers Français, sans exception, avaient été renvoyés sans condition d'échange, et il autorisait Durand à approvisionner la province d'Oran.

D'un autre côté, une trêve tacite était le résultat des circonstances que je viens de relater. J'ignorais les intentions du gouvernement ; il était donc convenable de ne pas jeter le trouble dans cette situation toute nouvelle : c'est dans les cas douteux qu'il convient de s'abstenir. Je devais accepter, mais en conservant rigoureusement le *statu quo*. Je m'imposai donc l'obligation de n'avoir, avec Abd-el-Kader, aucuns *rapports directs;* de ne *prendre, à son égard, aucun engagement*, de manière à rester libre avant, comme après le ravitaillement, d'agir ainsi que les besoins du service l'exigeraient. Indépendamment de ces motifs tout politiques, ceux particuliers aux circonstances dans lesquelles je me trouvais placé, étaient non moins déterminans.

1º L'épuisement des chevaux de toutes armes et des transports réguliers de l'armée ;

2º Moyens de transport auxiliaires momentanément hors de service ;

3º Manque total de vivres-viande ;

4º Pluies continuelles qui se sont prolongées dans les premiers mois de 1837, au delà du terme ordinaire ;

5º J'acquérais ainsi le tems nécessaire pour réorganiser l'armée ; et enfin j'épargnais les fatigues et le sang du soldat, et les deniers du trésor, sous le double rapport de la détérioration du matériel de l'armée et l'habillement des troupes ; et enfin, une partie de la dépense effective en argent.

En effet, l'expédition, le prix des denrées non compris, aurait occasionné un déboursé de soixante-trois mille quatre cent cinquante-six fr.   63,456

Le ravitaillement fut conclu, le prix des denrées et le transport compris, pour trente-six mille huit cent six fr............   36,806

Économie...............   26,650

« Certes, le ravitaillement de Tlemcen est une opération heureuse sous tous les rapports, et la négociation en a été conduite avec quelque chose de plus que du bonheur. On pouvait y trouver l'occasion d'un feuilleton honorable; cependant les journaux ont gardé le silence, et ce fait est passé inaperçu. La question d'économie, dans ces tems de calculs et d'ordre pour les dépenses publiques, pouvait devenir l'occasion d'un peu de popularité. Il est tel législateur en uniforme, qui ne l'eût pas négligé; mais j'ai toujours dédaigné, pour ne pas dire plus, ces démonstrations d'apparat et les vaines apparences dont plusieurs cherchent à lustrer leur réputation.

J'ai réservé l'article du ravitaillement de Tlemcen pour la fin de ce chapitre, car il se rapporte, tout à la fois, aux opérations militaires, à l'administration, parce qu'il est le complément de l'œuvre de mon commandement et qu'il caractérise la situation dans laquelle le commandant de la division active de la province d'Oran est arrivé.

En résumé, quand j'ai pris le commandement, l'armée et la population étaient sans sécurité; elle leur a été donnée. Les Européens et les Arabes étaient sans territoire; je leur ai assuré la libre jouissance de douze lieues carrées de terrain. L'armée, la population et les Arabes souffraient les plus cruelles privations, l'abondance leur a été rendue. La guerre était aux portes de la ville; *sans faire la paix, j'ai fait jouir de tous ses avantages;* et l'on pourra même faire cette remarque : qu'arrivé le 14 janvier, dès le 5 février toutes les mesures principales étaient prises, et que j'avais adressé au ministre, un rapport sur la politique et les projets d'Abd-el-Kader, auquel je n'ai rien eu depuis à ajouter, si ce n'est de signaler leur accomplissement.

Enfin, lorsque le lieutenant-général, commandant la division active, vint se saisir du commandement, tout était préparé pour entrer en campagne. Mais cet officier-général, préoccupé d'un ordre d'idées tout-à-fait différent et en dehors de toutes les instructions que j'avais reçues, voulait entrer dans *un système tout nouveau*, dont le premier pas devait être l'abandon de la Tafna.

QUATRIÈME CHAPITRE.

Aperçu politique et militaire de la régence d'Alger et particulièrement de la province d'Oran, au 1er avril 1837.

Je viens d'exposer les évènemens qui ont eu lieu pendant la première période de mon commandement dans la province d'Oran. La conduite que j'ai tenue a été la conséquence de l'opinion que je m'étais formée de la marche que la France devait suivre pour fonder sa puissance en Afrique. Le développement de cette opinion est donc la justification de mes actes; et en prenant ce qui va suivre comme point de départ, et base du jugement qui peut être porté sur les faits postérieurs au 1er avril 1837, le lecteur pourra juger si j'ai méconnu la vérité [1].

Le jour de la prise d'Alger, tous les fils du pouvoir furent rompus par le vainqueur, et les différentes peuplades de la régence rentrèrent dans la jouissance

---

[1] Cet aperçu est le résumé de ma correspondance. Je l'ai rédigé dans les derniers jours de mars 1837. A cette époque, ayant su indirectement qu'un illustre maréchal, auquel je crois devoir de la reconnaissance et de l'attachement, désirait connaître la situation de l'Afrique, je lui en fis hommage. Nul autre, que lui, n'en a eu connaissance. Je n'y ai point retouché depuis: les évènemens postérieurs n'ont donc exercé aucune influence sur les idées qu'il contient et la manière dont elles sont présentées.

de leur indépendance politique. Cependant, quand la France a voulu gouverner, les moyens lui ont manqué pour ressaisir l'autorité brisée dans la main des Turcs. La force avait détruit un pouvoir que la force avait constitué et maintenu; elle seule pouvait le rétablir. C'était donc la guerre que la France allait faire.

Dans nos guerres d'Europe, lorsqu'à la suite d'une collision violente les armées sont dispersées, le peuple vainqueur s'empare des intérêts, pour s'en faire un moyen de gouverner les peuples vaincus.

En Afrique, l'armée c'est toute la population. L'Arabe porte sa fortune et sa famille sur son chameau, le champ qu'il cultive est sans limites : la seule chose qu'il craigne, c'est de perdre son indépendance. Ressaisir le pouvoir en soumettant les tribus une à une, était chose impossible. La chance la plus favorable, celle d'un pouvoir constitué, dont la France pût s'emparer pour gouverner dans son intérêt, ne pouvait manquer de se reproduire, soit que la France fît la paix ou la guerre.

La paix laissait les tribus en proie à l'anarchie. Cet état de choses ne pouvait durer. La nécessité d'un lien commun devait se faire sentir et conduire les tribus à se réunir en associations plus ou moins nombreuses.

La guerre les forçait à s'unir dans l'intérêt de la défense.

Dans l'un et l'autre cas, la France pouvait profiter de l'influence que les hommes de capacité devaient nécessairement obtenir.

Des supériorités se sont établies, mais elles ont grandi outre mesure, et sont devenues dangereuses par suite des fautes politiques et militaires qui ont été commises.

Dans l'est, Achmet-Bey a perpétué la puissance turque.

Dans l'ouest, Abd-el-Kader marche à grands pas vers la création d'une nationalité arabe.

Au centre, Sidi-Embarack a reconnu le pouvoir d'Abd-el-Kader, mais il ne serait pas impossible de le déterminer à se déclarer indépendant, sous la protection de la France.

Sans doute, si nous ne pouvons soumettre ces trois centres d'opposition et les rendre instrumens de notre puissance, il faudra les détruire ; mais dès lors nous nous retrouverons dans l'état où nous avait placé la chute du pouvoir du Dey, et il s'agira de reconstruire de nouvelles influences qui puissent nous servir. Avant d'en arriver là, il faut tout tenter pour nous emparer de celles qui existent.

La puissance d'Achmet est la moins dangereuse. Constituée par la force, aucun autre lien ne rattache à lui les peuplades qui lui obéissent ; c'est donc celui qui doit le plus redouter la guerre. La plus grande faute que l'on puisse commettre, serait d'agir contre Achmet pour détruire son autorité, à moins de pouvoir, au moment de sa chute, lui en substituer immédiatement une autre. En effet, nous avons dit plus haut, que la force est le seul moyen de puissance qui puisse tenir les Arabes réunis en société politique ; que cette force une fois détruite, il ne reste plus de moyens d'influence saisissables, et que dès lors il faut édifier d'une main le pouvoir qui doit succéder à celui qu'on abat de l'autre.

Il y a une chose à observer, c'est que pour faire une campagne heureuse dans la province de Constantine, comme dans toute autre partie de l'Afrique, il faut des armées peu nombreuses; mais dans leur composition doubler, tripler la proportion de cavalerie et les moyens de transport.

Si pour la guerre contre Abd-el-Kader les conditions d'organisation de l'armée sont les mêmes, les circonstances politiques sont entièrement différentes.

Tout traité avec Achmet nous laissera dans les mêmes relations avec les peuples arabes, car Achmet ne traite que pour lui, tandis qu'Abd-el-Kader traite pour eux.

La puissance d'Abd-el-Kader est une puissance toute morale, et c'est en cela que consiste le danger de sa force; car, pour le détruire, il faudrait agir sur la conviction des hommes.

Disposant de tout le reste de la province, il trouve encore quelque résistance dans les tribus de l'est, mais il marche rapidement vers leur soumission. Établi sur la rive droite du Chéliff, il enrôle des hommes, frappe de contributions les tribus qui résistent. Ce système s'étend jusqu'aux portes d'Alger.

Si Abd-el-Kader se prépare à la guerre, il parle de paix; car il a dû se dire qu'au moment où la France entreprend une grande expédition contre Constantine, il doit se mettre en mesure de ne pas en ressentir le contre-coup. Il comprend que la France peut avoir la pensée de reporter sur la province d'Oran les élémens de succès qu'elle aura réunis dans celle de Constantine; mais que s'il parvient à endormir sa prévoyance par le leurre d'une pacification possible, et que les armées rentrent sur le sol de la mère patrie, des années pourront s'écouler avant que notre vanité blessée ne nous porte à faire les mêmes sacrifices.

Les renforts envoyés à Oran, ne peuvent manquer de lui faire penser que l'ordre d'opération est interverti et que le gouvernement a l'intention d'entamer les opérations par la soumission de la province d'Oran. Cette dernière circonstance doit le prédisposer d'autant plus à la paix, et il y a lieu de penser qu'il sera prêt à reconnaître l'autorité de la France, à gouverner pour elle, pourvu que les populations soient abandonnées à sa discrétion et que nous restions sans territoire : à ce prix, il sera sujet de la France. Mais cette paix ne peut convenir; notre puissance, reconnue de droit, serait nulle de fait, et Abd-el-Kader ne peut nous donner aucune garantie.

Dans l'hypothèse de semblables conditions, c'est la guerre qu'il faut, mais une guerre vive, conduite avec méthode et persévérance. Il faut séparer l'est de l'ouest. Cette opération est facile à exécuter.

Toutefois, puisqu'Abd-el-Kader semble disposé à la paix, on peut essayer de traiter, afin d'obtenir par la négociation, ce qu'on pourrait conquérir par la force des armes.

Quel que soit le degré d'indépendance laissé à Abd-el-Kader, et l'étendue de son autorité, l'un et l'autre seront sans danger pour la France, si la paix nous place dans une situation où notre influence puisse s'accroître parallèlement à la sienne.

Enfin, la paix serait d'autant plus favorable, que notre principal établissement, Alger, serait séparé de son influence par une autorité intermédiaire. La sécurité sur ce point assurerait notre puissance dans l'avenir; en effet, celle des chefs indigènes, sera bien près de sa chute ou de devenir régulière sous notre tutelle, lorsque les populations européennes cultiveront la plaine et les premières pentes de l'Atlas.

Abd-el-Kader sent parfaitement cette vérité ; aussi fera-t-il toutes les concessions pour que l'homme d'Europe, et même l'Arabe, ne puissent vivre sur un sol protégé par nos lois.

Cependant il est deux choses qui semblent avoir fait impression sur son esprit, c'est que de son alliance avec la France peut résulter une grande prospérité pour le pays soumis à sa domination, et que cette alliance peut seule lui garantir sa puissance et en assurer la transmission à sa famille.

Il sera décidé par ces considérations, le jour où il sera convaincu qu'il ne peut forcer la France à abandonner sa conquête.

Il y a lieu de penser que ces idées prennent crédit dans son esprit; seulement il hésite, parce qu'il voit des chances de succès, si la France ne se hâte de l'arrêter dans sa marche.

Si au contraire la France prend les moyens d'abattre sa puissance, il traitera pour être prince, émir ou sultan de Mascara.

Pour l'entraîner à cette détermination, la guerre ne sera ni longue, ni difficile.

Dans les circonstances actuelles, il faut bien se garder d'abandonner la Tafna et Tlemcen; seulement il faut approvisionner Tlemcen pour six mois, et dans six mois la question peut être décidée. Par l'occupation de ces deux points, on inquiète les communications d'Abd-el-Kader avec le Maroc, et on ébranle son influence sur des tribus nombreuses. Il est cependant vrai de dire que l'occupation de Tlemcen ne l'isole en rien des populations qui peuvent faire sa force principale; que l'un et l'autre point menacent plutôt ses ressources éventuelles qui s'appuient sur le Maroc, qu'ils n'attaquent sa puissance effective; car c'est dans l'est qu'il cherche avec raison à s'accroître, comme le prouvent les dernières opérations d'Embarack.

Ainsi que nous l'avons indiqué dans le commencement, c'est dans l'est qu'il faut attaquer sa puissance.

Les opérations préliminaires sont l'établissement d'un camp entre Oran et Arzew, et l'exécution d'une route entre ces deux places.

Arzew et Mostaganem deviendraient les points de réunion des approvisionnemens; la dernière de ces places le point de départ pour se porter sur l'Habrah, et établir un camp retranché à une petite journée de

Mascara, vers la position indiquée sous le nom de camp Perregaux.

Les tribus du Chéliff qui sont riches et résistent à Abd-el-Kader seraient tout à la fois suffisamment protégées contre lui et menacées par nous pour se décider en notre faveur. Avec leur concours et l'appui du camp de l'Habrah, Mascara serait occupé par nos alliés.

Abd-el-Kader serait forcé de se jeter dans l'Ouest; Sidi Embarak se trouverait abandonné à ses propres forces; ce serait le moment de le pousser à l'indépendance, pour forcer Abd-el-Kader à la paix. Dans cette dernière hypothèse, il serait si près de sa perte, qu'il se soumettrait probablement aux conditions suivantes qui sont les seules que la France puisse accorder, si elle veut conserver une influence réelle dans la province d'Oran.

1º Abd-el-Kader serait reconnu souverain de la province d'Oran, constituée en souveraineté sous telle dénomination qui serait convenue, sous la suzeraineté de la France, sans tribut, si ce n'est l'obligation de fournir gratuitement un contingent militaire et peut-être des denrées, telles que grains, bestiaux, etc.

2º La France lui en garantirait la possession pour lui et ses descendans;

3º Les villes d'Oran, d'Arzew et de Mostaganem, avec un territoire étendu, seraient détachées de la Province et placées sous l'autorité immédiate et directe de l'administration française;

4º Les habitans de la province d'Oran, à quelques nations qu'ils appartinssent, et quel que fût d'ailleurs leur culte, seraient libres de venir habiter le territoire gouverné par Abd-el-Kader, ou administré directement par la France, à leur choix, et sans être obligés d'obtenir l'agrément, soit d'Abd-el-Kader, soit des administrations françaises ;

5º Les villes de Tlemcen, Kalha, Menzouna et leur territoire, seraient déclarées libres sous la garantie de la protection de la France ;

6º Des postes militaires seraient occupés par la France dans les ports de *Tennes* et de *Cherchell*;

7º Le Bey de Miliana, *Sidi Embarack*, aurait le Beylick de Tittery, sous l'autorité immédiate de la France, dans l'indépendance la plus absolue d'Ab-el-Kader, dont la souveraineté ne s'étendrait pas au-delà de la province d'Oran.

Abd-el-Kader trouverait sa garantie dans la position même de la France, qui, ayant obtenu tout ce qui peut lui être utile, n'aurait aucun intérêt à le troubler dans l'exercice de sa puissance. D'aventurier qu'il est, il deviendrait souverain reconnu, avantage, que vingt années de guerre ne suffiraient peut-être pas à lui assurer.

La France, par ce traité, sera arrivée à ce point, que sans intérêt pour conquérir, elle serait toute puissante pour se défendre. De même qu'Abd-el-Kader, elle aurait obtenu, par la paix, tout ce que la guerre aurait pu lui donner.

Suivant l'accomplissement de ce système, la situation politique et commerciale de la France, serait celle-ci :

A Alger, puissance souveraine et agricole; elle aurait, vers Tittery et dans l'Est, un territoire considérable à mettre en culture;

A Oran et Bone, elle serait également souveraine: sa position serait plus spécialement commerciale; mais avec un territoire suffisant pour préparer son accroissement futur, conséquence de l'accroissement de la prospérité du territoire d'Alger proprement dit.

Mais ce n'est pas en se portant temporairement dans les plaines du Trélat, du Sig et de l'Habrah que l'ennemi a abandonnées, qu'on pourrait obtenir la soumission d'Abd-el-Kader. Le seul moyen que j'ai indiqué, l'occupation d'un camp, vers l'Habrah, et l'occupation de Mascara par nos alliés, peuvent donner un résultat. Que faut-il pour l'obtenir? des opérations méthodiques et suivies avec persévérance avec un corps de troupes peu nombreux, mais renfermant en lui et par son organisation tous les moyens qui peuvent perpétuer son action incessante; et il est à remarquer, à cet égard, que l'aspect du grand déploiement de forces que l'on fait en ce moment dans la province d'Oran, est plutôt fait pour effrayer sur les projets du gouvernement, que pour rassurer sur l'avenir? Un semblable état de choses n'est pas de nature à être maintenu; on ne peut avoir été induit à prendre ces dispositions, que par la pensée d'une opération rapide qui aurait, pour résultat, d'entraîner la soumission immédiate des populations de la Province; et, on ne saurait trop répéter, que par l'adoption de ce système, la France se placerait à côté de la vérité, à moins que la paix ne se fasse avant que la guerre n'ait commencé. Mais s'il en était autrement, il serait fort à craindre que l'armée française ne fût jetée dans une opération sans solution heureuse possible. Je crois que la vérité de cette observation peut être facilement obtenue par l'examen de la nature des opérations qui peuvent avoir lieu.

Ou Abd-el-Kader, effrayé de la guerre qu'on lui prépare, demandera immédiatement la paix, à des conditions qui peuvent en assurer la durée, et ce serait la conclusion la plus désirable, car elle serait aussi la plus certaine dans ses résultats;

Ou il se décidera à soutenir la guerre; mais avec la conscience de sa faiblesse et de l'impossibilité où il est d'opposer une résistance effective, il adoptera complètement le système qu'il a suivi depuis quelque tems, d'éloigner les populations, et d'éviter toute espèce de choc dans lequel il est certain de succomber.

Dans cette dernière hypothèse, deux cas peuvent se présenter : celui où entraînant à sa suite toutes les populations, nos opérations se borneraient à parcourir un territoire qui deviendrait désert sous nos pas; ou celui où une partie de la population resterait sur le sol et nous offrirait sa soumission.

Il est à remarquer que dans l'une ou l'autre de ces deux circonstances, la conclusion de la guerre est exactement subordonnée aux mêmes conditions.

Si la population entière prend parti pour Abd-el-Kader, les conséquences en sont faciles à prévoir : la province d'Oran deviendra une arène déserte, et dans cette lutte de persécution sans cesse renaissante, on se demande auquel des deux peuples appartiendra le prix de la course et de la persévérance.

Mais il est déjà facile de remarquer que l'adoption de ce système engage dans des opérations dont la durée s'étend bien au delà de quelques jours et de quelques semaines, et qu'elle ne peut se terminer que par l'occupation de positions telles, que les Arabes ne puissent impunément revenir sur le terrain qu'ils auraient abandonné.

Si au contraire une partie des tribus se soumettent à la France, on pourra, il est vrai, profiter de leur intervention pour conduire les opérations contre Abd-el-Kader à leur dernier terme, et le mettre dans l'impuissance de réagir contre elles; résultat qu'on ne peut obtenir que par sa destruction complète et la soumission des tribus de son parti à une autorité qui nous fût dévouée; mais dans tous les cas, la France serait astreinte à conserver des positions telles, qu'elle pût maintenir son autorité sur les vaincus, ou tout au moins protéger ses alliés contre la réaction de l'ennemi commun.

On voit que, quelle que soit l'hypothèse dans laquelle on se place, on arrive nécessairement à ce terme, qu'il faut une force effective et permanente pour maintenir les résultats obtenus, et que dès lors toute opération active, quel que fût du reste son développement, serait sans résultat utile, si son effet ne devait être que temporaire.

Il importe de ne pas se faire illusion. Les Arabes,

éclairés par l'expérience du passé, sont en garde contre la séduction de nos succès apparens, et se sont accoutumés à considérer nos expéditions comme une invasion passagère. Leur soumission, pendant nos courses éphémères, a été pour eux une cause de malheur, et c'est une arme puissante dans la main d'Abd-el-Kader. Les tribus ne se soumettront et n'auront de confiance que par l'établissement au milieu de leur territoire d'une autorité et d'une force permanente qui puisse les protéger. Jusque là, elles craindront de se soumettre, et accepteront au moins tacitement l'autorité d'Abd-el-Kader.

On peut à cet égard consulter l'expérience de l'Agha Mustapha-Ben-Ismaël; il regarde toute opération passagère comme plus nuisible qu'utile à l'établissement de notre autorité, en ce qu'elle tend à nous déconsidérer; il ne conçoit de soumission possible que par un établissement solide à Mascara; pour arriver à ce résultat, il faut occuper un poste sur l'Habrah, tenir Mascara par nos alliés, et en faire le centre de l'autorité du Bey de Mostaganem.

Il est à remarquer que ceci s'applique au cas d'une guerre d'extermination à l'égard de la puissance d'Abd-el-Kader; pour celui de la paix, les conditions rentrent dans celles dont j'ai posé les bases plus haut.

On a lieu de penser qu'Abd-el-Kader est disposé à faire des démarches actives pour obtenir la paix; l'arrivée des troupes peut augmenter ce désir; mais il faut craindre que la grandeur du danger ne le jette dans un parti extrême. Il est homme de résolution, et il serait possible qu'une fois décidé à la guerre, il ne voulût pousser les choses à leur dernière extrémité. L'idée dominante des Arabes est que nous sommes incapables de persister dans nos projets : Abd-el-Kader est assez éclairé pour juger par la nature même et l'étendue des mesures que nous prenons, qu'elles ne peuvent être de durée, et que dès lors il n'entre dans sa pensée de pousser les choses à l'extrême, et de s'en rapporter au tems pour nous vaincre.

Ce ne serait pas la première fois que l'excès même des mesures prises pour assurer le succès d'une entreprise, lui aurait été fatale.

Ainsi l'immensité des préparatifs et la grandeur des efforts que l'empereur a faits pour la campagne de 1812, peuvent être considérées comme les causes premières de la catastrophe qui l'a terminée, en ce qu'elle a jeté la nation russe dans des voies extrêmes, par le désespoir d'une résistance utile. Il est à remarquer que les circonstances dans lesquelles on se trouve en Afrique, et particulièrement dans la province d'Oran, à l'égard des peuples arabes, présentent avec cette observation une analogie frappante, avec cette particularité, toute à l'avantage des Arabes, que leur puissance n'a pas de centre matériel qu'il soit possible d'atteindre, et que dès lors ils n'ont pas de capitale à brûler pour en rompre l'unité. Mais, ainsi que les Russes ont trouvé un refuge dans l'immensité de leur territoire, et se sont défendus par la rigueur de leurs hivers, de même l'Arabe trouvera un refuge dans ses déserts et saura se défendre par son climat.

Ainsi l'Émir avait fait des ouvertures de conciliation; il avait envoyé les prisonniers français sans condition d'échange; il autorisait Durand à fournir quelques bestiaux aux troupes françaises, et consentait au ravitaillement de Tlemcen. Les hostilités étaient suspendues de fait, mais l'Émir n'en marchait pas moins à son but avec persévérance. Placé sur la Mina, il soumettait les dernières populations de l'est de la province d'Oran, maintenait son autorité d'une main vigoureuse dans l'ouest, et se préparait à agir sur les provinces de Tittery et d'Alger selon les circonstances et le jugement qu'il porterait des intentions réelles des nouveaux chefs désignés pour commander dans le nord de l'Afrique. S'est-il trompé sur sa situation? sur celle de l'armée française, sur ce qu'elle pouvait entreprendre, sur la situation respective des deux chefs; ce qu'il avait à en craindre ou en espérer, et les avantages qu'il pouvait en recueillir? C'est ce que les faits postérieurs au 1er avril peuvent seuls expliquer. Ma tâche doit se borner *en ce moment* à indiquer la position des affaires sous le rapport politique et militaire et le jugement que j'en avais porté. Je crois que ce qui précède a rempli complètement ce but.

CONCLUSION.

Le 14 janvier 1837, l'armée, les alliés et la population, renfermés dans les murs d'Oran, ou réunis sous la protection du canon de la place, ne pouvaient se montrer, même sur le terrain occupé par nos postes avancés, sans s'exposer au danger des attaques inattendues des maraudeurs et des cavaliers ennemis embusqués, constamment en observation à une très petite distance.

La population et les soldats éprouvaient des privations excessives par le manque absolu de bétail, et les mouvemens de l'armée étaient paralysés par l'impossibilité de faire suivre les subsistances indispensables pour agir.

La cavalerie française et arabe, les chevaux de toutes armes, les moyens de transport réguliers et auxiliaires étaient complètement hors de service. Tlemcen était à ravitailler et il fallait préparer, à Mostaganem et à la Tafna, les moyens indispensables pour entrer en campagne au printems, et opérer, selon les circonstances, dans l'est ou l'ouest de la province; enfin, suivre les mouvemens d'Abd-el-Kader, apprécier sa puissance et ses progrès, en instruire le gouvernement et l'éclairer sur ses projets ultérieurs.

Le 1er avril, la sécurité de douze lieues carrées de terrain avait été assurée; une partie livrée à la culture, l'ennemi s'y était présenté, mais il avait été repoussé assez vertement pour ne plus y reparaître.

La cavalerie, les chevaux de toutes armes étaient en parfait état pour entrer en campagne; ce qui manquait à l'administration pouvait être suppléé par les transports auxiliaires organisés régulièrement.

Le ravitaillement de Tlemcen avait été opéré sans fatigue pour l'armée, *avec économie des deniers du trésor, sans négociation directe avec Abd-el-Kader, ni aucun engagement de quelque nature qu'il fût;* en telle sorte, que le général français pouvait agir, avant comme après le ravitaillement, avec toute indépendance.

Tout était préparé à Oran, à la Tafna et à Mostaganem pour entrer en opération le 10 avril. Enfin, la marche de l'Emir avait été surveillée avec soin, et le lecteur a pu juger, d'après le quatrième chapitre, si cette partie de ma mission avait été remplie avec discernement.

Loin de moi d'attacher, aux services que j'ai rendus, plus d'importance qu'ils ne méritent; mais s'il est permis à un homme de parler de sa conduite et de faire valoir ses actions, c'est dans la position où je suis placé. Certes, je paye ce droit assez cher pour qu'il ne me soit pas contesté.

Toutefois, je suis obligé de reconnaître, que soit

défaut de pénétration ou de jugement, soit peut-être aussi par suite d'une ténacité vaniteuse pour mes propres idées, il arrive, le plus souvent, que je soumets l'action de ma volonté et ma conduite aux intentions de ceux qui commandent, sans que mes opinions en soient le moindrement ébranlées. Cette conduite a de graves inconvéniens; mais les convictions d'un homme ne sont pas le fait de son choix. Il peut les taire et les cacher, mais les changer, cela est impossible. Le plus grand bonheur qui puisse arriver au subordonné qui se trouve placé dans cette situation, est d'avoir tort; mais malheureusement encore, n'a pas tort qui veut. Le tems et les évènemens marchent en dépit des hommes, sans s'inquiéter de leurs intérêts ou de leurs rêveries. Ils ont marché depuis le 1er avril 1837, et les nouvelles conséquences du passé se développent et vont se développer successivement. Je désire vivement m'être trompé, c'est l'intérêt de la France.

Après l'exposé de ce qui précède, le tableau serait incomplet, si je ne fesais connaître la position dans laquelle le commandant de la province d'Oran, s'est trouvé placé le 6 avril, et la relation de dépendance ou *d'indépendance* dans laquelle s'est trouvée la province à l'égard du gouvernement général, le jour où le lieutenant-général, commandant la division active, *a fait lui-même* la part d'autorité qu'il jugeait devoir lui appartenir.

Ce lieutenant-général est arrivé à Oran le 5 avril. Aucune instruction n'avait été donnée, à ce sujet, au commandant de la province. Toutefois, en leur absence, les réglemens et le bon sens militaire suffisaient pour apprécier la distinction des pouvoirs.

Le commandant de la division active, indépendant du gouverneur général, n'avait aucun ordre à en recevoir. Il était à son égard dans la même situation que le gouverneur général, vis-à-vis de lui, commandant la division active, c'est-à-dire qu'ils avaient à s'entendre pour donner, à la direction des affaires, l'harmonie sans laquelle ni l'un ni l'autre, ne pouvaient espérer d'heureux résultats.

Par suite de cette combinaison, le général, commandant la province d'Oran, dont le commandement n'était pas et ne pouvait être détaché du gouvernement général, tout en restant dans les mêmes obligations, à l'égard de ce dernier, avait à obtempérer aux ordres du commandant de la division active, *en ce qui concernait les opérations et les besoins de cette division;* mais l'officier-général qui la commandait n'avait à s'immiscer en rien dans les objets qui se rattachaient directement et nécessairement aux affaires ordinaires de la province et par conséquent relevant de l'autorité du gouverneur; dans les choses qui, tout en se rattachant à des détails dépendant du commandant de la province, pouvaient intéresser le service de la division active; le lieutenant-général commandant cette division, ne pouvait agir directement : ses ordres devaient être donnés au commandant de la province, auquel il appartenait de les faire exécuter, et qui, *sous ce rapport, devenait responsable à son égard.*

Telle était la limite des pouvoirs respectifs qui aurait laissé, à chaque autorité, *l'action réglementaire* qui lui appartenait.

Telle n'a pas été l'opinion de monsieur le lieutenant-général, commandant la division active. Dès le 6 avril, il adressa au général, commandant la province, une lettre officielle dans laquelle, en supprimant le mot *active*, il disait avoir été investi du commandement de la *division d'Oran ;* et un ordre du jour dans lequel il exprimait que, conformément aux ordres du roi, il prenait le commandement de *la province d'Oran.* Or, comme monsieur le lieutenant-général, commandant la division active, *ne voulait*, en aucune façon, *être placé sous les ordres du gouverneur, il se substituait, de fait, à son autorité dont il usurpait les pouvoirs.*

Ces observations présentées avec tous les ménagemens possibles ne purent prévaloir, et le commandant de la division active persista dans le système qu'il avait adopté. Mais les dépêches d'Alger, lui *ayant fait enfin comprendre* qu'il ne pouvait traiter directement avec le gouverneur sans reconnaître son autorité, il renvoyait, au général qu'il *avait dépouillé* du commandement de la province, les affaires qui exigeaient son attache, *en ce qui concernait leur expédition pour Alger.* Ainsi ce dernier, *sans autorité réelle à Oran*, était encore responsable, à l'égard du gouverneur, *des faits de ce commandement ;* mais tout en reconnaissant la voie d'illégalité dans laquelle il s'était placé, monsieur le lieutenant-général, commandant la division active, conservait *l'autorité directe* en toute chose, et se *l'arrogeait même sur les affaires exclusivement confiées à l'administration civile.*

Tel est l'état de choses établi par l'ordre du jour du 6 avril 1837. Nous laisserons aux personnes qui s'occupent spécialement de réglemens sur le service et les attributions des divers grades ou fonctions, aux criminalistes, et enfin à nos législateurs, le soin d'apprécier et de qualifier des actes qui ont eu pour effet d'étendre les pouvoirs délégués par le souverain à *l'exercice d'une autorité qu'ils excluaient;* de fausser l'action de la justice militaire et de l'administration civile, et avaient enfin pour dernier résultat de détruire *la garantie* que l'état doit avoir dans l'enchaînement hiérarchique des divers grades et *leur indépendance d'existence* à l'égard les uns des autres; indépendance qui est déterminée et limitée par les réglemens, et consacrée par ces paroles, connues aussi bien du caporal que du maréchal de France : « Vous « lui obéirez en tout ce qu'il ordonnera pour le ser- « vice de Sa Majesté, *conformément aux réglemens.* »

Enfin, arrivé au terme de ce long mémoire, trop long sans doute pour la patience du lecteur, mais trop court pour épancher tout ce que mon esprit a conçu et tous les sentimens que comme officier-général et père j'ai dû éprouver, je ne puis m'empêcher de me livrer à une réflexion qui tout à la fois m'étonne et m'afflige profondément. Depuis le 14 juin 1830, jour où j'ai pour la première fois posé le pied sur le sol de l'Afrique, à côté du lieutenant-général baron Berthezène, mon chef et mon ami, plus que tout autre j'ai dit vrai sur l'Afrique, autant que tout autre j'ai fait mon devoir; cependant deux fois j'ai quitté le sol de l'Algérie en butte à des persécutions injustes. L'auteur des premières fut le duc de Rovigo[1], l'auteur des secondes est.... *le juif Durand ou tout autre*.

[1] Je dois à la vérité de reconnaître que si M. le duc de Rovigo s'est laissé entraîner vis-à-vis de moi à des actes que j'ai qualifiés avec sévérité, mais avec justice, de persécutions, il ne l'a fait qu'à regret et pour échapper à des obsessions privées, dont le motif est bien connu de tout ce qui fesait partie de l'armée d'Afrique à cette époque, et qu'il n'a pas eu la pensée d'enter sur de prétendus griefs d'intérêt public.

J'ai eu plus d'une fois l'occasion de reconnaître la vérité de cette réflexion du général Foy, dont j'étais aide-de-camp à l'armée de Portugal, que «si dans sa conduite et l'accomplissement de ses devoirs on est mû par des vues d'intérêt général ou d'ordre public, il faut s'attendre à une vie de trouble et à peu de récompense; car il est difficile d'éviter de se trouver, de façon ou d'autre, comme pierre d'achoppement sur le chemin des intérêts personnels.»

www.ingramcontent.com/pod-product-compliance
Lightning Source LLC
LaVergne TN
LVHW021739080426
835510LV00010B/1292